奇蹟のピアニスト
フジコ・ヘミングのことば

エンジェルは
そばにいる

フジコ・ヘミング

はじめに

ベルギー国立管弦楽団の日本での演奏記録を撮ってほしいという依頼があった２００４年、「フジ子・ヘミング＆ベルギー国立管弦楽団」のコンサートで、初めてフジコさんと出会った。

写真を撮るからには許可をいただかなくてはと思い、楽屋を訪ねると「いいわよ。いまから撮りなさいよ」とふたつ返事で答えてくれる。早速シャッターを切り、撮った写真を本人に見せると気に入ってくれたのか「明日からも来るんでしょ？」と誘ってくれた。

以来、約二十年にわたって、フジコさんの写真を撮ることになった。

一瞬、ぶっきらぼうに聞こえるフジコさんの受け答えはシャイな性格だったからだろう。行動的で大胆に見えるけれど、実は心が繊細で気遣いにあふれる人だった。

ヨーロッパツアーに同行したときのこと。フジコさんがベジタリアンだと知られているにもかかわらず昼食にハムが入ってくると、「食べなさいよ」とハムを分けてくれる。ツアー中も、「私と一緒にいても、肉類を食べてもいいのよ。私に気兼ねしないで食べなさい」と気配りを欠かさない。

ある日、楽屋に呼ばれると「今日の演奏会で着る衣装、どっちがいいかしら？」と聞いてくる。「こっちが良いと思います」と選ぶと、本当にその衣装を着て舞台に出て行った。実際は当日の衣装は決まっていたんだと思うけれど、わざわざ私に聞いてくれたのだ。こんなふうに、いつも仲間として気遣ってくれる人だった。

　そんなフジコさんの訃報を聞いたとき、あの人の音がもう聴けなくなってしまうことが寂しくてたまらなかった。私はクラシックに詳しいわけではないけれど、あの音はフジコさんにしか出せないもの。それはフジコさんの不断の努力によるものだった。ヨーロッパツアーではアシスタントがエレクトリックピアノを持ち歩き、どこでも練習できるように準備していたし、ドイツでは民家のピアノを借りて練習に励んだりもした。とにかくすごい練習量を徹底してやっていた。

　フジコさんは、いつかチャンスをつかもうと思っていた人。チャンスが来たら最高の演奏を披露できるように準備を怠らない。その姿勢はやはり一筋縄ではいかないピアニストの世界を生き抜いてきた一流のものだった。

　彼女がよく口にしていた言葉に「エンジェルはそばにいる」という言葉がある。エンジェルに試されているかのように試練を与えられ、その難局を乗り越えてきた奇蹟のピアニストはつねにエンジェルに見守られ、エンジェルを味方につけて生きてきた。

　フジコさんの自宅の近くを通るといつも練習中に聞こえてきたピアノの音はもう聞こえない。毎日、必ず練習を続けてきたフジコさん。もう練習しなくていいのだから、本当にゆっくり休んでほしい。

写真家　中嶌英雄

Contents
目次

第3章　音楽のこと

第5章　人との出会い

第6章　愛情について

第１章 家族について

スウェーデン人、ゲオルギー・ヘミング・フリッツ・ジョスタとピアニストの大月投網子《とあこ》の間に生まれたフジコさん。３歳はなれた弟のウルフとともに家族４人で激動の時代を生き抜いてきた。

５歳ごろから母のピアノレッスンを受け、そのレッスンは１回に２時間、それが日に３回も繰り返される毎日だったという。厳しい母と物静かでやさしい父。『ラ・カンパネラ』を代表とするフジコさんの演奏が聴衆の心に響くのは、鍛錬による技術と豊かな曲の解釈力によるもの。それらはフジコさんの両親に影響されたところが大きかった。

ピアノは当たり前に家にあるもの

私はいったい、いつからピアノに触れていたのか――。記憶はないけれど、赤ん坊の頃にピアノによじのぼって、鍵盤を叩いたらしい。母の真似でもしようとしたのかしら。思いのほかいい音が出たので、「この子にピアノを教えよう」と、母は決めたみたい。幼少期、母の弾くショパンが子守唄だった私にとって、ピアノは当たり前に家にあるもの。生活の一部だったから、自然とピアノを弾くようになったのね。

（『奇蹟のピアニスト　人生哲学　やがて鐘は鳴る』２０２０年12月）

父は、子供を絵描きにだけはするなと言っていたらしい

私の父はスウェーデン人でグラフィックデザイナーだったのですが、当時はそれで生計を立てることはできなかったので、建築家になりました。かつて英字夕刊紙に漫画を連載していたこともありました。その後、警察に目をつけられて、結局はスウェーデンに帰ってしまった。父は日本をバカにするような漫画を描いたりしていたので、警察の目に触れないよう、それらは母がみんな焼いてし

まいました。でも、ドキュメンタリー映画に出てきたように、日本郵船から頼まれたポスターの原画が、横浜の日本郵船歴史博物館に残っています。父は、子供を絵描きにだけはするなと言っていたらしい。

（『原田マハ、アートの達人に会いにいく』２０２３年３月）

古い記憶に父と幼い私がダンスをしている光景があるの

父はよく蓄音機を回してダンス音楽を聞いていた。私の古い記憶に父と幼い私がダンスをしている光景があるの。父は自宅の２階で絵をかいていて、途中で私とダンスを始めたの。レコードに合わせて踊っているうちに、私が突然階段を転げ落ちたのを覚えてるわ。

（「『素敵』のものがたり」２００５年５月12日）

ちょっと不良じみたところがある男

父の記憶はほとんどないのですが、あれが父かもしれないというシーンは視覚的に残っています。その思い出は、サンタクロースのような洋服を着た背の高い男が玄関から入ってきて、私は怖くて怖くて大声で泣いてしまったのです。私にとっては、あの男性が父親のイメージ。

父は、ちょっと不良じみたところがある男でね、そこが魅力でもあったのでしょう。母の品物を質屋に入れちゃったり、売っ払ってしまったり。母が恋に落ちたベルリンではポスターなどを描くデザイナーでしたが、言葉もできない日本に来て仕事はろくにない。つらかったと思いますよ。でも、ハンサムでしたから女性にはもてたようです。若かったし、すぐに浮気する女たらし。

でも、どっかの女と1、2週間ほど一緒に暮らしたとしても、必ず家に帰ってくる人だった。母は「男ってそういうものだから、あんまり追い詰めないようにしていれば逃げないからね」と教えてくれました。

（「家族のかたち」２００３年２月16日）

直接、私を褒めないのよ、うちの母は

父の影響かしら、私はあまり活発じゃなくて、部屋で裁縫や工作をするのが好きだった。母がお弟子さんにピアノを教えている隣の部屋で、いろんなものを作ってたわ。自分の髪の毛で箒《ほうき》を作ったことがあるのよ。母は弟子たちに、「娘がすごいものを作った」と自慢してたみたい。直接、私を褒《ほ》めないのよ、うちの母は。何か言うときは必ず、「ばか、あほ」という言葉がつく（笑）。何か取ってと言われて、私が「これ？」と聞くと、「ばか、違う」という具合。１日50回くらい言われるのよ。だから、「私は頭が悪いからだめなんだ」っていつも劣等感の塊だった。

（「漂泊の軌跡」２０００年５月）

父がよくもあんな母と結婚したものだと、私は感心しているんです

母はね、とっても気性の激しい人で、子どもたちにピアノを教えるときも怒鳴ってばかり。「なんだ、それはッ、やめちまえ！」と容赦ない。月謝を取って教えているのに、ですよ。親から言われて

通っている子にもそうですから、私に対してはもっと強烈です。すぐに「バカヤロウッ」と罵《ののし》り、わめく。涙がぽろぽろ出るし、嫌でしたね。厳しいというよりも、ヒステリー性だったんです。始終怒鳴って、わめいている。うるさくてかなわない。そもそも、実家がお金持ちだった母が日本を離れてドイツに留学したのも、こんなヒステリー娘は結婚してくれる日本人がいないだろうから、ドイツに送れば誰かつかまえてくれるだろう、と狙ったらしいですよ。父がよくもあんな母と結婚したものだと、私は感心しているんです。

（「家族のかたち」２００３年２月16日）

友だちに聞いたら、「うちは白米を食べてる」

父がいなくなって、母と弟との３人の暮らしが始まったのですけれど、あのころの日本はまだ外国人に慣れていないでしょう、外国人の血が入った私は、「異人さん」と呼ばれ、石をぶつけられることもありました。配給のお米がうちには回ってこないことがあって、友だちに聞いたら、「うちは白米を食べてる」と。悲しかったわね。

大阪の母の実家からの仕送りと、母がピアノを教えてその月謝を生活の糧にしていました。私もピアノを習い始めましたけど、母はものすごくスパルタで、「あなたはほかの人と違って音楽家になるんですからね！」と口うるさく言っていました。練習でもミスを許さない。いくらすごい野球選手でも、打てないときがあるでしょう。でも母はそれをよしとしなかったの。自分は全部正しいといった気性の激しいところがある人で、子ども心に傷つくこともありましたね。

（「残された時間で命を燃やす。あるのはその思いだけ」２０１８年６月26日）

音楽は母にやらされた感じがあったの

私がもの心ついたときに一番関心があったのが、絵です。音楽じゃない。母が私にピアノを習わせるために用意した子供用の楽譜には、五線譜の下に可愛いサンタクロースの絵が大きく描いてあって、それを見る度に胸をドキドキさせていたのを覚えています。音楽は母にやらされた感じがあったの。ピアノの先生になれば一生困らずにどこでも生活できるだろうからって。でもピアノを弾くのは大嫌いで、いつも逃げ回ってた。母がピアノを教えに出かけると、私はばあやを買収して、ちゃんと練習してましたって嘘をついてもらって、実際には洟垂れ小僧たちと外で遊んでました（笑）。

（『原田マハ、アートの達人に会いにいく』２０２３年３月）

すべての種をまいてくれたのは母

母のピアノと私のピアノは全然似ていないの。彼女は、たたきつけるような弾き方。人前で弾くような腕ではなかったけど、純粋だったから人に好かれて、教師としてやっていけたのかもしれない。でも、ちょっとおバカなところがあったのよ。

私がドイツにいたとき、ひざが痛くなってたまたまレントゲンを撮ったら、「あなたこれじゃあ今まで走れなかったでしょう？」と医師にいわれたの。あなたが赤ちゃんのときにお母さんがおむつのあて方を間違えて、足が開かなくなったんだ、って。母はベルリンで私を産んだから、多分医師のドイツ語がわからなかったのね。それでいい加減にやったら、私の足が曲がってしまった。結局私は手術しないで、自分で体操を続けて足を動かせるようにしたのよ。

そのとき私は母に「私の足がこうなったのはあんたのせいだって」と手紙を書いたの。そうしたら日本に帰ったとき、真っ赤な顔をして、恥ずかしそうにしていた。だから、私もそれ以上はいわなかった。

母の激しい気性のせいでいろいろなことがあったけど、怒りなんて感じていない。とにかくすべての種をまいてくれたのは母だから。今も母が買ってくれた時計に毎日話しかけているの。今日も「京都はきれいだった。おかあさんも一緒にいればよかったね」って。

（「『素敵』のものがたり」2005年5月12日）

母とのケンカというか
葛藤は私に大きな影響を及ぼしている

今だから言えることだけど、正直者で不器用で、ウソが絶対につけなくて、世渡りが話にならないくらい下手だった。娘の私から見て、イヤなところのいっぱいある人で、私に対してもピアノのことから性格や私の外観に関することまでマイナス点をあげつらうばかりで、ほめてくれたことが一度もなかった。ずいぶん長い間、母が私をののしる声がつきまとい、それが恐怖心や不安となって、実力を出すことができず、大切なチャンスを失ったり、失敗することのほうが多かった。母とのケンカというか葛藤は私に大きな影響を及ぼしている。

（「人種差別との闘い」２００３年８月）

母は見送ってくれた空港で怒鳴りながら、泣いていた

母は、気性が激しくて口が悪い。私は小さな頃から「バカ、あほ」と言われ放題。帰国したときも「日本におまえの出番はない」と言われて。でも、私がドイツに発った日、母は見送ってくれた空港で怒鳴りながら、泣いていた。母は娘が何とか人生を渡っていけるようにピアノを仕込もう

とする一方、お金がなければピアニストになるのは難しいことを知っていたんでしょうね。だから、欲を出さずにピアノの先生になってくれればいい、と思っていたのかもしれない。

今思えば、正直で不器用で世渡りが下手な人。でも、私はそんな母が世の中で一番好き。何より、今の私があるのは母のお陰。ピアニストへの道を開いてくれた母に、深く感謝しているんです。

（「50才から人生はより深く輝く」2006年8月）

いくつになっても口は悪かったわね

あの旅行は私の人生の中で、いちばん楽しい思い出だわ。母は80歳を過ぎてもきれいだった。一緒に歩いていると、男たちが母を振り返るのよ。私がドイツで買ってあげた革のコートを着て、ロンドンで買ってあげた帽子をかぶってサングラスをかけて。とてもかっこよかったわ。ヨーロッパへ来ると、母は親切だったわね。だけど母は猫が嫌いだったから、ヴェニスで私が野良猫と遊んでいたら、「ばか、何やってんの、猫ババア！」って（笑）。いくつになっても口は悪かったわね。でも、どんなに嫌なところがあっても、人間の中ではやはり母がいちばん好きだった。正直者で不器用で、まったく嘘がつけなくて……。世渡りは下手だったと思うけどね。

（「漂泊の軌跡」2000年5月）

父親がスウェーデンに戻ってからは、母と弟と３人

父親とは、小さいころに別れてしまったまま。先日、父がいたころに隣に住んでいた女性にお会いしたんですが、彼女は父のことをよく覚えていて、それを紙に書いてくださいました。「私が死んだら、あなたのお父様のことを覚えてる人がいなくなってしまうだろうから」って。父は私のことをすごくかわいがっていて、よく犬を連れて原宿なんかに散歩に行ってたことなどを文章に残してくれて……嬉しかったです。

父は、母と私たちを残してスウェーデンに戻り再婚しましたから、死に目には会っていません。でも、子供のころのことは、少しは覚えていますよ。母が、海外の父に「ハローハロー」なんて電話をかけていたことが印象に残っています。

父がスウェーデンに戻ってからは、母と弟と３人。やっぱり、それが良くなかったですよね。家の中に大人がうちの母だけ、っていうのは。父はすごく聡明で、インテリで静かな人だったけど、母はもう考えもしないでわめきたてるような、いわゆるヒステリー。そりゃいいところもいっぱいあったけど、一緒に住めるような人じゃなかったんです。天国でもう一度会っても、絶対一緒になんか住みたくないと思う。

（「猫とピアノと誰もいない家」２００２年２月22日）

母の大月投網子

父のゲオルギー・ヘミング・フリッツ・ジョスタ

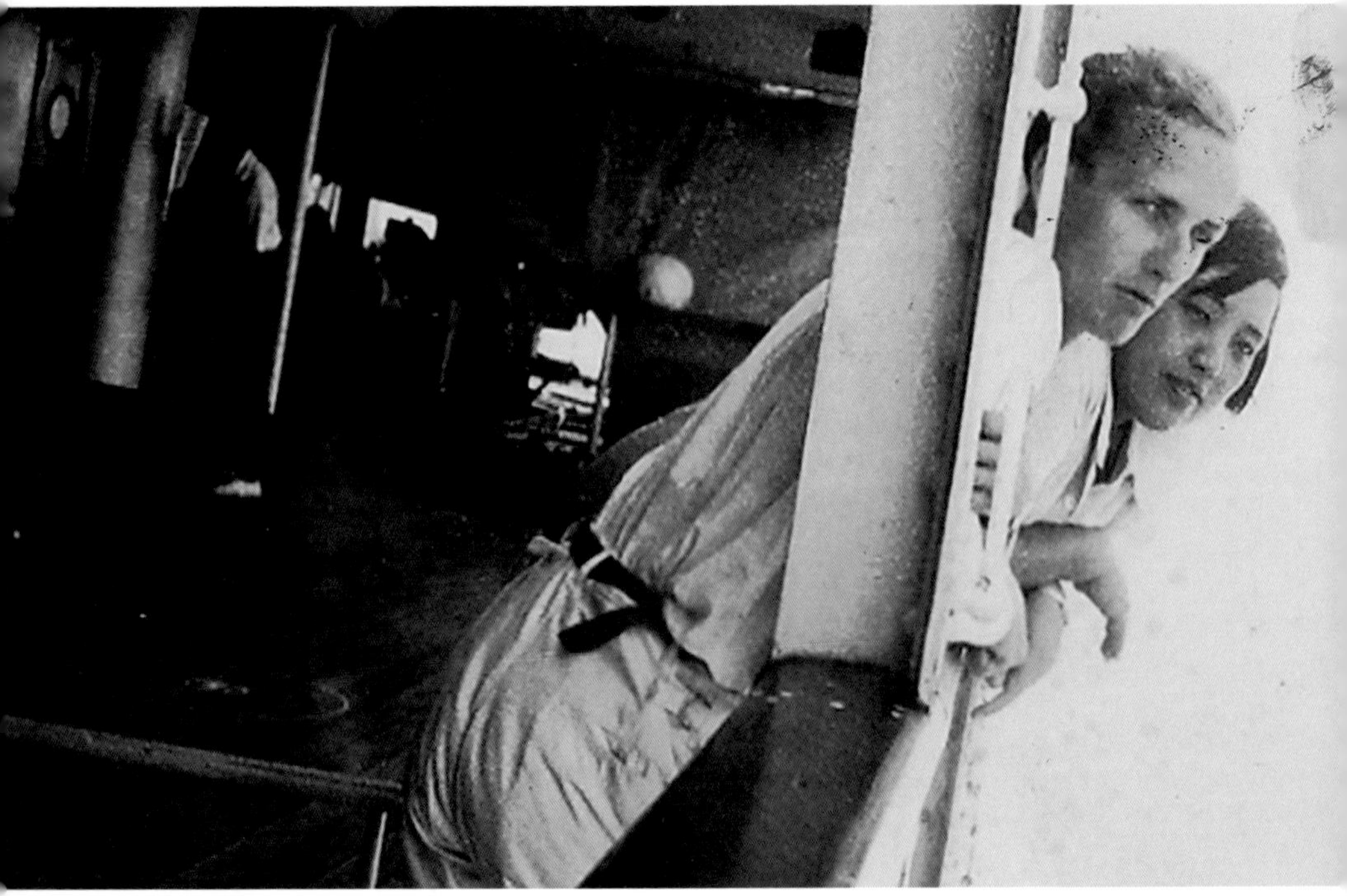

弟のウルフと撮った幼少期の写真

母とストックホルムを訪れたとき泊まったホテル「ディプロマット」

父との思い出をリトグラフにした作品「お父さんとのダンス」

子ども時代に使用していたピアノは現在、下仁田女性村「ねぎぼうず館」にある

絵を描くのが好きだったフジコさん。子どもの頃に書いた絵日記

母校の青山学院高等部 PS 講堂でお祝いのため、演奏したときの一枚

お守りのようにしていた、お母さんの形見の腕時計

第２章　生きぬくこと

ベルリンへ留学して以来、ウィーンやストックホルム、そして再びドイツとヨーロッパを転々としてきたフジコさん。

１９６９年、念願のリサイタル直前に風邪で聴力を失い、やむなくコンサートをキャンセル。その後、耳の治療に専念する傍らピアノ教師として生計を立て、演奏活動を行なってきた。

１９９９年、フジコさんを取り上げた番組『フジコ～あるピアニストの軌跡～』（ＮＨＫ）が放送されたことがきっかけでブレイク。多くの苦難を乗り越えたフジコさんの演奏は視聴者の魂を揺さぶり、大反響を巻き起こした。

この状況をどう打破したらよいのか、まったく見えなかった

若いころ、同級生がヨーロッパに次々と留学していくのがうらやましかったわね。私もようやく、という思いでした。でもそれからも長い間、ピアニストとして認められるまでには至らなかった。

私は16歳のときに中耳炎をこじらせて、右耳の聴力を失っています。さらに打ちのめされたのは、左耳の聴力も失ってしまったこと。風邪をひいたことが原因で、今度は左耳まで……。もう何もかも終わったと、絶望の淵で泣き暮らしました。自分の運命を呪いましたね。それから1年ほど治療をして、なんとか今は40％ほど回復したのですけれど。

耳を治療した後、指導の資格をとってピアノを教えていましたが、すごく貧乏で、いつもお金がなかった。演奏を聴いてくれたドイツ人から、「あなたはもっと大きな街で賞賛されるべき人なのに、こんなところで何をやっているの」と言われたりしましたけど、猫を8匹飼ってその日暮らしをしていた私には、引っ越し代すらありません。それにお金がないと人に言えるような性格ではなくて。この状況をどう打破したらよいのか、まったく見えなかったのです。

成功する夢を捨てきれなかったのは、私は誰よりも弾けると信じていたこと、決して練習を怠らなかったこと、そして何より、ピアノを弾く喜びを感じていたからだと思います。

私が住んでいたベルリンには、第二次大戦後に移り住んできたフランス兵がたくさん暮らしてい

ました。あるとき、フランス人の女医さんが私のアパートの近くに越してきました。彼女にはふたりの子どもがいたんです。ある夜、私がピアノを弾いていると、ごはんを食べに行くのか、その家族が窓の外を通りかかりました。すると、私が弾いていた曲に合わせて、10歳ぐらいの男の子が踊り出したのです。もううれしくて、負けじと弾きました。すごく素敵な時間でしたね。

それから、私はある時期、病院で清掃の仕事をしていたことがありました。そこにピアノがあったのでちょっと弾かせてもらったら、いつのまにか看護師さんたちが集まってきて、涙をぽろぽろ流してくれた。このときも弱りかけた心に勇気をもらいました。

（「残された時間で命を燃やす。あるのはその思いだけ」２０１８年6月26日）

自分が最も良い状態でいられる国に早く移住するべきだった

日本ではイタリア語を習っていたのよ。私の音楽的な感性は、イタリアやフランスに近いと思っていたから。まわりの人たちも、「あなたはイタリアかフランスに留学したほうがいい」とよく言ってくれたわ。でも、せっかく招聘《しょうへい》されて留学したのだから、ドイツでがんばろうと思って無理をしたのかもしれない。音楽で言うとマーチみたいなドイツの気質に自分を合わせようとして、うまくいかなくなってしまったの。今になってみると、自分が最も良い状態でいられる国に早く移住するべきだったと後悔しています。私はまわり道をしてしまったんです。

（「音楽は世の中で一番美しいもの。やめたいなんて思ったことはないの」２００８年４月）

無国籍のままでは、もちろんパスポートの申請は受理されない

若かったこともあって、もうベルリンに行かなくては、にっちもさっちもいかないとまで思いつめるようになっていたけれど、実際は、留学するためのおカネなんか、まるでない。

さらに、そこで別の重大な問題も浮上。なんと私の国籍が抹消されていたの。

日本に移った時、私にはスウェーデン国籍があったけれど、それ以降、一度もスウェーデンの地を

踏んでいないため、当時の規則で自動的に抹消されていた。私が18歳になった時、母が登録をしなければいけなかった、と指摘されても後の祭り。母は日本国籍なのだから、娘も日本国籍に、と役所に申請に行ったけれど、なんて意地の悪いことでしょう、役人たちはこれもまったく認めようとしなかった。

無国籍のままでは、もちろんパスポートの申請は受理されない。

ヨーロッパだ、ベルリンだという以前に、私はいつの間にか国籍不明になっていたというわけ。正義感が人一倍強い母が何度、役所にかけ合っても、役人たちに鼻であしらわれるばかり。外国人の血が流れている私に、日本の国籍を与えたくない、ということなのかしら……。深く落ち込んだ。

（『奇蹟のピアニスト人生哲学　やがて鐘は鳴る』２０２０年12月）

「難民」という言葉には少々驚いたけれど

レストランでのアルバイトも続けながら、細々と小さなコンサートを開き、なんとか暮らす日々。ある時、私のピアノを聴いた人が声をかけてきたの。

「すばらしいピアノでした。ドイツ人である私の心にとても響いてきました。それでいながら、東洋の精神性や哲学、西洋にはない美学も感じられる」

聞けば、その方は駐日ドイツ大使さんだった。

「本当は、ドイツに行って勉強したいのですが……」

誠実そうな人柄を感じたので、問われるがままに、自分の置かれている状況を話してみると、彼はこう言った。

「そうでしたか……。あなたのような場合は、赤十字の難民として渡航許可を受ければいいでしょう」

「赤十字」「難民」。

思いもよらない言葉の出現に、最初は言っていることがのみこめなかった。けれど、その助言を手がかりに、いろいろ調べていくと、渡航はもちろん、留学もできる。さらに、音楽学校の奨学金も出ることがわかった。

なんということでしょう！　この方法ならおカネの問題も解決できてしまう。

もう私に、迷いはなかった。「難民」という言葉には少々驚いたけれど、日本の役人たちは私のことを「日本人」と認めてくれなかったのだし、ベルリンに留学できるなら難民として入国することになってもかまわない。そう思って、このルートに賭けた。

（『奇蹟のピアニスト人生哲学　やがて鐘は鳴る』２０２０年12月）

明るい町並みがわあっと眼下に広がっていて

飛行機がベルリンに到着したときのこと、忘れられないわ。夜だったのよ。明るい町並みがわあっと眼下に広がっていて、「こんなすごいところでは私は何もできない」と怖じ気づいた。

（「漂泊の軌跡」２０００年５月）

夢や希望のない街

母がピアノ教師で稼いだお金から、毎月１００ドルを仕送りしてくれました。当時１ドルが３６０円。それに奨学金を合わせて１か月の生活費が４万円ほど。ベルリンは母が留学した時代とまったく変わってました。東ドイツに囲まれて孤島のような都市となって、老人や病気の人ばかり。若い人たちは皆、逃げだしていました。夢や希望のない街でしたよ。

（「家族のかたち」２００３年２月16日）

朝、ああ、今日も生きていた。神様ありがとう

くよくよしないことね。嫌なことがあってもすぐ忘れたほうがいい。ドイツで暮らしていたころは外国人だって意地悪されたけど、そんなときは猫と話をして、紅茶でも飲んで忘れるようにしていたわ。いろんな人がいるんだから、考えが違っても当たり前。だから、好きなTVでも見るか、音楽でも聴いて眠り、朝、ああ、今日も生きていた。神様ありがとうって感謝すればいいのよ。

年をとると気力が弱くなるでしょ。気力の元は体力だから、最近は体には結構気を使っているわ。人と楽しく食事しても、深酒はしないようにしてるの。今はワインかビールをグラス一、二杯飲むだけね。それと好きなタバコも量を減らしたわ。ピアノの練習で張りつめた神経を解きほぐすのにはとってもいいのよ。お酒もそうだけど、過ぎないことね。逆に、好きなものをがまんするのも精神上よくないわ。

（「パリに住んで七年、大好きなこの街は恋人」２００７年６月）

人を疑うのは、もう少し年をとってからでいいわね（笑）

いつかきっと、ここで認められると思っていたから……。でも、すごく苦労して、貧乏もしたわ。お金がなくてちゃんとした食事をとれないものだから、体調が悪くて、いつも半信半疑だったの。若いのに、そんなのじゃダメよね。人を疑うのは、もう少し年をとってからでいいわね（笑）。

（「音楽は世の中で一番美しいもの。やめたいなんて思ったことはないの」２００８年４月）

チャンスはめぐってこないのよ

私はコネもないし、お金もない。そういう人にチャンスはめぐってこないのよ。だから指揮者に手紙を書いて私のピアノを聴いてくださいって頼むしか方法はなかった。

（「天才ピアニストの遅れて来た成功、そして海外での挑戦」２００２年１月）

正直にやっていればこの世の中、必ず報われる

どこにも行き場がなく、お金も何もなく、ただドイツの田舎でピアノ教師をする日々。でも私は、そんなときでさえ、正直にやっていればこの世の中、必ず報われるって信じていたわ。真実は必ず勝つって。いちばん悪いのは、相手をおとしめようとして嘘をついたりすること。私自身、それで足をすくわれそうになったことが何度もあるわ。でも私は、卑劣な相手に対しては全力で戦う。いつもそうして生きてきたのよ。なにも恐いものはなかった。正直にやっていればきっと大丈夫だと思っていたわ。

（「人種差別との闘い」２００３年８月）

今日はこんなに辛いけど、明日はまた違う一日になる

報《むく》われない恋だったり、素晴らしい相手だと思っていた人が実はつまらないちっぽけな男だとわかったり。悔《くや》しくて相手のことを恨み、憎んだこともあったけど、そんな悪い感情を持った自分を鏡で見たら、ひどい形相をしていてびっくりしたわ。やっぱり、悪意を持っていると顔に出るん

だなと思った。

貧しくて、何日間も水だけ飲んで暮らした経験だってあるのよ。でも、辛くて自殺しようなんて考えたことはなかった。だって、自殺って人殺しでしょう。せっかく授《さず》かった命を勝手に始末することなんか、絶対にしてはいけないのよ。私はいつも、「一日の苦労は一日にて足れり」という言葉を思い出して、「今日はこんなに辛いけど、明日はまた違う一日になる。きっと、もっといい日になる」と考えて暮らしてきた。悲しみを、次の日に持ち越さないようにしようって。

（「音楽は世の中で一番美しいもの。やめたいなんて思ったことはないの」２００８年４月）

悪意を持っている人からは、できるだけ遠ざかったほうがいいわ

若いときから何かに夢中になっていても、30代あたりで、世の中はどうやら自分の思い描いていたようなものではないと気付いてしまうのよね。それはショックなことだけど、悲観的になってはいけない。自分を信じること、祈ることはやっぱり大切だと思うし、そういうときに味方になってくれる理解者がいるといいわね。周囲の環境を理想的な状態に整えておけば、いつかきっと認められます。自分のことを理解してくれない人、悪意を持っている人からは、できるだけ遠ざかったほうがいいわ。だって、そんな人が近くにいたって、いいことなんかないもの。そして自分自身が

卑屈になったり嫉妬したり、意地悪になったりしないこと。そんな感情は排除して、愛情を持って生きていたら、絶対にいいことがあるはずよ。

（「音楽は世の中で一番美しいもの。やめたいなんて思ったことはないの」２００８年４月）

人生なんて、人に相談してもしかたがないのよ

不幸せだと思ったことはないわ。ドイツの黒パンと紅茶があれば私は幸せだった。どこにいても、どんな状況でも楽しみというのはあるものなのよ。電話もひけないくらい貧乏だったけど、知り合いや友達に愚痴った覚えもない。人生なんて、人に相談してもしかたがないのよ。どうにもやるせないときは、私、カフェで隣に座った見知らぬ人に愚痴ってたわね。ドイツ人って人懐こいところがあるから、知らない者同士でもよく話すのよ。そうすると、「ふんふん」って黙って聞いてくれる。話すだけ話すと、こっちもけっこうさっぱりするしね。

（「漂泊の軌跡」２０００年５月）

変なんです。何の音も聴こえない

寒い冬でした。でも、石炭を買うお金がなかったんです。リサイタルの1週間前になって、風邪を引いて高熱を出してベッドに寝ていました。ドイツに来てからは健康保険を払うお金もないので、医者にもかからなかった。

ようやく熱が下がって起きてみると、変なんです。何の音も聴こえない。実は右耳の聴力は16歳のときに失っていたんですが、このときに左耳も聴こえなくなってしまったのです。リサイタルのポスターは街角に張ってある。二度とないチャンスを目の前にして、慌てましたよね。ピアノを弾いても、自分の音も何も聴こえない。すごく暗い気持ちになって。独奏会のステージに立ったものの、聴力のないピアニストが満足に弾けるはずがありませんでした。

ウィーンの大学病院の女医が「治る」と言ってくれたので、それを信じて2年ぐらいかけて治療。左耳が40％聴こえるまでに回復しました。その後に、ウィーンにいるのがつらくてスウェーデンに移ったんです。

そのとき、初めて父に電話しました。スウェーデン国籍を取りたかったからです。父は事業家として成功していました。ところが、私と会いたくないというような感じがすぐに分かったので、それで電話を切ってしまいました。後で、別の女性と結婚して家庭を持っていることを知りました。その女性との間に娘がいて、スウェーデンの音楽学校の教師になっている。つまり、母違いの妹ですが、とてもいい子でね、去年夏、ヨーロッパでリサイタルをしたとき、ホテルへ私に会いに来ました。

（「家族のかたち」２００３年２月16日）

今思うと、どこにもパラダイスなんてないのよ

スウェーデンって、なんだか人との関係が薄いのよ。意地悪なのも多いけど、ドイツでの人間関係のほうがやっぱり刺激的でおもしろかった。それからはドイツ国内を転々としたわね。ちょっと嫌なことがあると、他にいいところがあるんじゃないかとすぐに荷物をまとめて動いてた。でもね、今思うと、どこにもパラダイスなんてないのよ。ひとつの場所で辛抱していたほうが早く実る。それができればよかったんだけど、私にはできなかった。

（「漂泊の軌跡」２０００年５月）

もしかしたらピアノでやっていけるかもしれない、と初めて思った

自分には普通の人にはない才能があるんだと気付いたのは40歳を過ぎてから。ピアノの曲は1曲しあげるだけでもすごく大変で、私は20歳ぐらいの時に既に首が回らないぐらい肩を痛めて

いました。だからプロのピアニストになるなんて考えもしなかった。ところがドイツでもスウェーデンでも、口は達者なのに、実際に自分で弾いてみせることのできない先生もいるのだということに気づいて、もしかしたらピアノでやっていけるかもしれない、と初めて思ったんです。それまでは厳しい母に「お前はアホだバカだ」ってずーっと言われていたものだから、自分に自信がなかった。母は悪い人ではないんですよ。ただ思ったことをすぐに口にしてしまう。純粋なんです。そんなわけで私はずっと劣等感を抱え続けていたけれど、ストックホルムで耳の治療をした時に知能テストを受けたら、40人ぐらいの中で私が1番になっちゃって、へえ、私は案外バカじゃなかったんだ、と自信がつきました。

（『原田マハ、アートの達人に会いにいく』２０２３年３月）

神様のいたずらだと思うの。だって、ふつうじゃないでしょ、こんな人生

日本に帰ってきたときは、もうこれで終わりだと思ってました。母が亡くなったこともありましたが、もうダメだとあきらめたから帰ってきたんです。お金がなかったから、箒《ほうき》から雑巾まで、大きなポリバケツ二つに日用品を全部詰めて、持ってきたの。大井埠頭の税関の人は猫の餌まで入

っているので、頭がおかしいんじゃないかって、あきれてましたけど、東京は物価が高いと思うと捨てられなかった。それで、クラーイ気持ちでね。ほんとに、なんでこんな目に遭わなくちゃならないのかって。運命を呪ったっていうわけじゃないけど、辛かったですよ。それでも私はクリスチャンですから、神様を一生懸命に拝んでました。だから、今こうしているのは、やっぱり神様のおかげ。というより、神様のいたずらだと思うの。だって、ふつうじゃないでしょ、こんな人生。たとえば昔の話だけど、ストックホルムで暮らしていてお金がなくて、一週間くらい食べてなくて、今日銀行に送金されてなかったら、もうダメだっていうときがあったんです。で、銀行に行くためにトボトボ歩いていたら、目の前にすごく大きくてきれいなオレンジが落ちていたのよ。腐りかけた野菜じゃなくて。あんなこと、ありえないもの。信心深い友達は、「神様があなたを鍛えるために試練を与えているんだ」っていうけど、絶対にいたずらですよ。ただ、神様がやっていることで、悪魔の仕業じゃないとは思いますけどね。

人間は神を信じて一生懸命やれば、どこかで願いは叶うと思います。この世で叶わなくても、まだ天国があるし。死というのは、それで終わりじゃなくて、天国へ行けば、次の永遠の命があるはずですから。キリストがそう約束をしてますもの、嘘じゃない。それをみんな知らないというのは、惜しいことです。

（「スペシャルインタビュー　行く道、来た道」2003年12月）

報われないことや辛いことに耐えてきたからこそ、人の心に響くピアノが弾ける

放送の1カ月ほど前、教会でカードをもらったの。そこには「遅くなるかもしれないが、待っておれ。それは必ず来る」と書いてあった。そうしたら、本当に運命の時がやってきて。誠実にピアノを教えてきたこと、捨て猫を育てたこと。どんな時も必死で生きてきた。神様は、すべてをノートにつけていてくれたのね。そして、報われないことや辛いことに耐えてきたからこそ、人の心に響くピアノが弾ける。だからこそ、私は神様がくれたチャンスを生かすことができたんだと思う。人生に、無駄なことは何ひとつないんですよ。

（「50才から人生はより深く輝く」２００６年８月）

自分の演奏を客観的に聴いて恥ずかしかった

ピアノの演奏で食べていけるようになったのは、１９９９年に放映されたＮＨＫのドキュメンタリー番組『フジコ～あるピアニストの軌跡～』がきっかけです。母が90歳で亡くなり、私はドイツから

帰国して東京に住んでいました。当時、聖《せい》路《ル》加《カ》国際病院でボランティアでピアノを弾いて、それを日《ひ》野《の》原《はら》重《しげ》明《あき》先生が聴いてＮＨＫに推薦してくださったのだと思います。放映後、話題になり、ビクターから最初のＣＤが出たのですが、自分の演奏を客観的に聴いて恥ずかしかったですね。けれど、人から「あなたのＣＤ聴いています」って言われると、やはりうれしかった。

（「今の私の生きがい？　ピアノを弾くこと、そして小さな命ね。」２０１８年７月）

嫌なところがあっても、認め合うことが大事ね

有名になって変わったこと？　生活は変わったけど、私自身は何も変わらない。いちばんうれしいのは、経済的に余裕が出て、猫にましな食事をさせてやれるようになったことかしら（笑）。ありがたいわね。ただ、私は昔も今も、嫌なことは嫌と言うから、それで去っていく女友達もいるのよ。嫌なところがあっても、認め合うことが大事ね。私自身も、昔は何かあるとすぐ友達に絶交状を送りつけてたけど（笑）、もったいないことをしたと思う。最近、トルストイの「他人に対してどうあるべきかを押しつけてはいけない」という言葉をよく思い出すの。人間は身近な関係から、違うところを認め合っていかないといけないわね。

（「漂泊の軌跡」２０００年５月）

人を憎み、嫉妬ばかりしていたら、絶対にいい仕事はできません

ピアノに限らず、若くて才能がある人は技術的に素晴らしくても、感情表現が乏《とぼ》しいことってあるでしょう。良いことも悪いことも含めて多くの経験を積むと、技術では表すことのできない繊細な表現ができるようになると思うの。それが大切だと私は思います。

こうして振り返ってみると、辛い日々は長かったけど、自分が不幸だからって、あまり嫉妬することはなかったわ。人を憎み、嫉妬ばかりしていたら、絶対にいい仕事はできません。悪い感情はどう取り繕《つくろ》っても表れてしまうから。愛情豊かな人でなければ、美しい仕事はできないと思うんです。

（「音楽は世の中で一番美しいもの。やめたいなんて思ったことはないの」２００８年４月）

東京オペラシティ
コンサートホール

いつも祈りを大切にしてきたフジコさん。コンサートの前はいつもお祈りをしていた

たくさんのファンが出待ちしていることも。山梨県民文化ホールにて

バーンスタインが開催してくれたコンサートのポスターの前で

母校の東京藝術大学の奏楽堂でコンサートを開いた。フジコさんにとっては特別な場所

スウェーデンで暮らす異母きょうだいの妹との一枚

奏楽堂での
演奏

奏楽堂での演奏もうまくいって笑顔のフジコさん

第3章 音楽のこと

『ラ・カンパネラ』や『テンペスト』などに代表されるフジコさんの独特な演奏は常に聴衆を魅了し続けた。

演奏家たちが早弾きのテクニックを披露し、正確に演奏することに励む一方、「私らしく弾く」ことにこだわり続けたフジコさん。

コンサートでのミスを揶揄されることもあった。それに対して「私は機械じゃないもの」と自論を持っていたものの、その裏で毎日ひたむきに努力する姿があった。音楽や仕事に向き合うプロ意識は相当なものだった。

手術後、右耳はまったく聞こえなくなってしまった。16歳の時だった

当時、風邪をひくたびに、耳の調子が悪くなっていたけれど、その日、耳の奥がいよいよ痛くなって、なんとなく聞こえが悪くなっていたの。やっと病院にかかったら、中耳炎をこじらせていることがわかった。「これはマズい」ということになって、手術を受けることになってしまい、手術後、右耳はまったく聞こえなくなってしまった。16歳の時だった。

戦後の混乱期、まだまだ治療も乱暴で、繊細な器官に対してあまり注意深く扱ってもらえなかったからかもしれないわね。

学校の授業でも、先生の言ってることがよく聞こえない。まして、ピアニストを志《こころざ》しているのに、右耳の聴覚を失うなんて……。

「自分はもうダメだ。音楽家としての道はおしまいだわ……」

絶望のどん底に突然、突き落とされたような気持ちで、毎日を不安な気持ちで過ごしていた。

みなさんの中には、ピアノって、音の大きな楽器だと思っている方がいるかもしれないけれど、実は弱い音のコントロールがとても難しい楽器なの。ピアニッシモの音に、自分の思うとおりの音色がのせられたかどうか……、聞こえるほうの耳に、神経を集中させなければならなかった。

右耳の聴覚を失った後も、母の厳しいレッスンは相変わらず続いた。それまでと比べて、言葉にならないほどのつらい日々だったけれど、右耳の聴覚を失ってしまったことで、これまで以上にピアノに集中することができるようになったし、また、他の感性が磨かれたかもしれない。どんなにつらい体験だって、けっして無駄にはなっていない。振り返ってみれば、今の私につながっている大切な一歩だということ。幸せになるために通らなければならない道だったと思っている。

（『奇蹟のピアニスト人生哲学　やがて鐘は鳴る』２０２０年12月）

どこにいても、皆、私を何かおかしな者としてはねのけるわけ

〝日本人ピアニスト〟という時、私の名は挙げられない。〝スウェーデンのピアニスト〟という時も名を挙げられない。どこにいても、皆、私を何かおかしな者としてはねのけるわけ。名を成すには、才能、背後にある国、あと、お金。このうちの一つ欠けてもだめだって言われたけど、私には一つしかなかったもん、才能しか。

（「私についての物語」２０００年１月25日）

音楽は、評論家のためでなく、聴衆のためにある

当時、日本では私のピアノを無茶苦茶にけなした音楽評論家がいた。テレビ番組がきっかけで有名になった、という経緯が気に入らなかったのか、悪評を書かれるたびに「日本に私の出番はないのかしら……」と弱気になることもあった。

けれど一方で、海外では好意的な評価をたくさんしていただいたし、演奏会にいらしたお客様からも「死にたいと思っていたが生きる勇気をもらった」「つらい日々だが救われた」などなど、いろんな手紙をもらったことは励みになった。「音楽は、評論家のためでなく、聴衆のためにあるのだ。ベストを尽くしていい演奏をしよう」という思いに突き動かされた。

（『奇蹟のピアニスト人生哲学　やがて鐘は鳴る』２０２０年12月）

苦労知らずの音楽家も多い中で、私は苦労を知る機会に恵まれた

清掃の仕事をしたことは、自分にとって良い経験だった。苦労知らずの音楽家も多い中で、私は苦労を知る機会に恵まれたのだから。私の手はゴツゴツしていて、恥ずかしいから、つい袖で隠してしまいがちだけれど、今、私のピアノで感動してくださる人が聴いているのは、掃除をしたり、

犬のオムツを洗ったりしたこの手が生み出した音なの。

（『奇蹟のピアニスト人生哲学　やがて鐘は鳴る』２０２０年12月）

いくらテクニックがあっても、人間性は絶対に音に出る

ドイツである日本人の女の子に出会った時のこと。彼女はどこかのコンクールで1等を獲った、とてもキレイな人だった。私は少しでも彼女の助けになればと思って、スウェーデンのプロデューサーを紹介したの。話はうまく進み、プロデューサーは彼女を激賞したようで、彼女はある放送局の番組に出演した。すると、次に会った時、彼女はまったく私を見下すような態度をとってきたの。まわりから褒められすぎて、偉くなったと勘違いしてしまったのでしょう。こんな人だったのかとガッカリした。

手の平を返すように態度を変える人には、きっと冷たい音楽しかできないでしょう。いくらテクニックがあっても、人間性は絶対に音に出る。だから、演奏家は自分の内面にも気を配らなければならないと思う。

（『奇蹟のピアニスト人生哲学　やがて鐘は鳴る』２０２０年12月）

ショパンのノクターンは誰が弾いても綺麗ですよ

私もショパンの方が好きです。自分で弾いていて慰められる。リストは自分の技をひけらかすためにサーカスみたいな曲ばかり作ったから、お客さんを興奮させるにはいいけどね。母はいつも私を8時に寝かせると、ピアノに向かってショパンを弾いていました。母のピアノはあまり上手ではなかったけど、ショパンのノクターンは誰が弾いても綺麗ですよ。あとドビュッシーやラヴェルも好き。私は別にショパン弾きじゃないけれど、ヨーロッパの人は私のショパンをすごく褒めてくれます。ところが日本人は「やりすぎ」って言う。ヨーロッパの人は誰かに会うと大きな仕草ですぐハグするでしょう？　日本人は感情を抑える国民だから、私はやりすぎだと思われちゃうのかもしれません。そうならないようにできるだけ〝締めて〟演奏するんだけれど、どうしても性格が出ちゃうのよ。私は朝が弱くて、全然起きられなくて、ぐずぐずして11～12時ぐらいにやっとベッドから出るんだけれど、ショパンもそうだったんだと、ジョルジュ・サンドが書いています。そういうちょっといいかげんなところが演奏にも出ちゃいますね。

（『原田マハ、アートの達人に会いにいく』２０２３年３月）

ラヴェルには自分に近いものを感じてしまう

ラヴェルってステキだと思わない？　おしゃれで独身貴族で、動物が好きで、子供心を失わない。昔、アメリカの雑誌にラヴェルの部屋の写真が出ていたんだけど、おもちゃ箱のようですごくいい感じだった。自分に近いものを感じてしまうわ。音楽もすばらしいし。若いころ、進駐軍の放送で初めて『ダフニスとクロエ』を聴いたときは、こんなに美しい音楽がこの世にあるのかと感激したものよ。

（「もう2度と人前で演奏することはできないと思っていた。でも、いつも自分がステージで好きな作品を演奏している姿を夢見ていたの…」2000年9月4日）

大切なのは、どれだけ曲に、深い情感を込められるか

母がドイツにいたころに師事したレオニード・クロイツァー先生の指導を受けられることになって。この先生が私にはすごく合っていた。彼は「譜面どおりに弾かなくていい、誰かが歌っているように弾きなさい」と言ってくれて。とてもうれしかったわ。譜面どおり正しく弾くという教え方は危険で、ただ機械的なつまらない音楽になるだけ。私は演奏でけっこうミスをしますけど、アルトゥール・ルービンシュタインも、バケツ一杯ぐらいまちがえていたというから、いいんじゃない。（笑）

大切なのは、どれだけ曲に、深い情感を込められるかです。楽曲を創った作曲家やピアニストの心情に思いを重ねる。たとえば私は、ラフマニノフが生前に住んでいた家の雰囲気を知りたくて訪ねていったり、リストが通っていた教会の、彼がいつも座っていたという椅子に腰かけて思いを馳せたりもします。

父の影響で私も絵を描くことが好きだからかもしれませんが、音にはひとつひとつ色があって、弾く人の人生が出る。たとえば、皆さんから、フジコさんの魂が込められている、と言っていただくリストの『ラ・カンパネラ』。この曲は、ものすごく難しくて、集中して全霊を懸けて弾かないと、自分という人間のすべてが出てしまう。精神性や心の清らかさがさらけ出されて、隠すことができない。それはつまり、日々の生活をどう生きているか、ということが問われているわけです。

弾き方が時代遅れだと批評されたこともありますけれど、あの曲は、ほかの演奏者と聴き比べてみてくださいと、誇りを持って言えます。私の人生は波瀾万丈だといわれてきましたが、人生って何もないより、あったほうがきっといい。心の色合いも美しく増していくと思います。

（「残された時間で命を燃やす。あるのはその思いだけ」２０１８年６月26日）

おたまじゃくしだけをなぞって正確に弾くのは芸術じゃない

私のピアノの弾き方を時代遅れと言う人もいました。でも、私は今風の弾き方は嫌いです。ブタペストでハンガリーフィル（ハーモニー楽団）と一緒に弾いたとき、世界的に有名な指揮者が「君のベートーヴェンは素晴らしいよ、今そんな弾き方をする人はいない」と褒めてくださった。「みんな怒ったように上から叩きつけるように弾く。僕はそんな弾き方は嫌いだ。ベートーヴェンにはもっと人間味があった。君は世界中に行って、君の演奏を聴かせてやりなさい」と。その言葉に救われましたね。ベートーヴェンは純粋な人間だった。つむじまがりだったかもしれないけれど、そこがいいんじゃない。私を含め芸術家はみんなそういうものです。私自身はベートーヴェンよりショパンの方が好きですけどね（笑）。

私は作曲家が生きていた時代のように弾きたい。想像するというより、霊感ですね。おたまじゃくしだけをなぞって正確に弾くのは芸術じゃない。それなら機械でいいでしょう。楽譜の裏にある思いや魂みたいなのが、考えるのでなく自然にわからないと。私は時々「どうしたんだろう？　誰かが一緒に弾いてくれているみたい」と思うことがあります。

だから、演奏は生で聴いてもらいたい。私は耳が悪いせいもあって飛行機が嫌い。パリのアパルトマンからベルリンの家までも電車で行きます。外の景色を見ながらね。でも、生で演奏を聴いて欲しいからできる限り、演奏旅行は続けます。生の音楽で感動を与えたい。「あなたの音楽を聴いて癒やされました」というのが一番うれしい言葉です。

（「今の私の生きがい？　ピアノを弾くこと、そして小さな命ね。」２０１８年７月）

私は機械じゃないから、いつも同じようには弾けない

ショパンやリストがここにいたとしたら、きっと彼らは私の演奏を聴いて、「そういう弾き方もいいね」って言ってくれるはずよ。偉大な作曲家は偏狭な考え方はしないし、だいたい、楽譜だって後世の人たちがけっこう書き換えたりしているんだから。私は機械じゃないから、いつも同じようには弾けない。小さなミスを問題にするより、この曲をどういう音で私らしく弾くか。それが問題なんじゃない？

（「漂泊の軌跡」２０００年５月）

私がいちばん大事にしているもの？〝音〟よ

演奏するとき、私がいちばん大事にしているもの？〝音〟よ。私だけの音。誰が弾いても同じなら、私が弾く意味がないじゃない。

（「漂泊の軌跡」２０００年５月）

そうなの、私は劇を演ってるように弾く

よろず屋じゃあるまいし。役者だって受け持ち受け持ちがあるじゃない？　そうなの、私は劇を演ってるように弾く。『魔王』なんていうと、悪魔が出てきて、子どもが出て、お父さんが出る。それぞれ、声色のように鳴らして弾くの。悪魔の声っていうのは、決して美しくはないけど、ハチミツみたいな甘～い声でね。難しいのよ。

（「私についての物語」２０００年１月25日）

誰にとっても、無駄な経験なんて何ひとつない

私のピアノはよく「音が違う」っていわれるの。それはそうだと思うわ。だって今まで話してきたようなできごとや、どこへ行っても「外国人」と見られてきた経験が、全部私の中に入り込み音になっているのだから。誰にとっても、無駄な経験なんて何ひとつないのよ。

（「『素敵』のものがたり」２００５年５月12日）

演奏会は綱渡りしてんのと同じだもの

家でピアノ弾いてる時は、そんないろんなこと考えながら弾いてるわ。演奏会は違うわよ。綱渡りしてんのと同じだもの。この間、アンコール5回目で『愛の夢』弾いてたらね、締めくくりのところで間違えちゃったのよ。「今のは失敗でした」と言ったら、よけい拍手されちゃった。

（「私についての物語」２０００年1月25日）

ぶっこわれそうな鐘があったっていいじゃない。私の鐘だもの

クラシックをいままで聴いたことがない人が、感激したといってくれる。病気で生きる力を失っていたのに私のピアノを聴いて勇気づけられたとか、鳥肌が立つほど感動したとか、泣けて泣けてしかたがなかったとか、いろんなことといってくれるわ。そういってくれるのは心が清らかな人ばかり。逆に小さなミスを指摘したり、けなしたりする人もいるのは確か。深く傷つくわよ、そうやってけなされればね。だけどそんなのは放っておけばいいのよ。だって私、機械じゃないもの。『ラ・カンパネラ』のどこそこがまちがったといわれるけど、ぶっこわれそうな鐘があったっていいじゃない。私の鐘だもの。私は自分の弾きたいように弾く、それだけよ。ずっとそうしてきたもの。

（「もう2度と人前で演奏することはできないと思っていた。でも、いつも自分がステージで好きな作品を演奏している姿を夢見ていたの…」２０００年9月4日）

毎日4時間の練習は絶対に欠かしません

演奏家は常に最上の演奏を聴かせなければなりませんから、毎日4時間の練習は絶対に欠かしません。一日でも怠けると元に戻ってしまいます。体力を維持する方法は、私の場合は歩くことかしら。どこの街にいても、コンサートの前日でも、きれいな景色の中を風に吹かれながら、とてもよく歩きます。すると心配ごともなくなり、意欲が湧くんです。

食事は一日2食。35年ほど前から肉と魚はやめて、毎日、じゃがいも、トマト、豆、青野菜を欠かしません。じゃがいものお味噌汁や野菜カレーも好きです。あとコーヒーと煙草は、私の人生に必要ね。

命にはいつか終わりがくる。人生の残り時間はだんだんと少なくなっているから、あと何回コンサートができるかな、と思ったりもします。でも、求めてくれる人たちがいるかぎり、どこにでも行く。やれるうちにやらないと。ピアノは私の人生そのもの。生きている証しなのです。

（「残された時間で命を燃やす。あるのはその思いだけ」２０１８年6月26日）

ひとりで弾くほうがやさしいですよ

オーケストラと一緒にやるのは、楽しいですよね。孤独じゃないから。それに、90人が少しずつ演奏についてしゃべるから、いろんなことが早く進むわね。普段はお客さんからの感想や賞賛だけだけど、プロが私のピアノについてしゃべってくれるわけだから、ありがたいですよね。

ひとりで弾くほうがやさしいですよ。みんなでやると、ちょっとでもずれるとぼろが出るから。家にいるときは、最低4時間は弾かないと気がすまないけれど、ツアーに出ると1時間も練習できない。とはいえ、リハーサルと本番弾いて、アンコールを弾いたら次の日はぺしゃんこ。ホテルで昼過ぎまで寝てますね。

（「猫とピアノと誰もいない家」2002年2月22日）

長くつらい日々を送っていた時に彼らは励ましてくれた

2年前に、私の半生がテレビで紹介されてから、日本では多くの人に私のピアノを聴いてもらえるようになった。でも、私の夢はヨーロッパに住んでいた時代に応援してくれた人たちの前で再び演奏することだったの。長くつらい日々を送っていた時に彼らは励ましてくれた。今、ようやくその人たちの前で少しずつ演奏することができて恩返しができた感じよ。

（「天才ピアニストの遅れて来た成功、そして海外での挑戦」２００２年１月）

ちゃんと勉強してあっても、舞台に出ると怯じ気づいちゃって、だめなの

私はやっぱり、老後のこと考えると楽観的にはなれなかったの。自分のピアノが、そんなに……それほど完全だとは思わなかった。いつも後味が悪かったから。もう少し上手に弾けるはずだと、いつも思うのね。ちゃんと勉強してあっても、舞台に出ると怯じ気づいちゃって、だめなの。後半になると、だんだん調子が出てくるのよ。最初から『ラ・カンパネラ』なんて弾けないわよ。この間の台湾地震救済コンサートなんて、一人一曲だもの。――でも、上手く弾けたからよかったわ。11月７日のリサイタルの、２回弾いた最後の『ラ・カンパネラ』がよく弾けたの。エンジェルがついて、一緒にいてくれるみたいだった。でも、悪魔もいるらしくて、足引っ張ったりしてね。

（「私についての物語」２０００年１月25日）

自分がうまく弾けている時は、誰かが乗り移っているような感じになります

飛行機が嫌いだから、汽車で行けるところはできるだけ陸路で移動します。旅は疲れるから嫌なんだけど、演奏会がうまくいってスタンディングオベーションで迎えていただけるとやっぱり嬉しいです。私はマリリン・モンローみたいに有名なわけじゃないけれど、たくさんの人が聴いてくださるのは本当にありがたい。自分がうまく弾けている時は、誰かが乗り移っているような感じになります。

（「原田マハ、アートの達人に会いにいく」２０２３年３月）

もう人前では弾けないと思っていたのに、今は思う存分ピアノが弾ける

一番うれしかったのは近所の魚屋さんのお兄さんが〝音楽にすごく感激したよ〟と言ってくれたり、病気を苦にして死のうとまで考えた人から私のピアノを聴いて生きる勇気がわいたという手紙を頂いたり、今まであまりクラシックを聴かない人たちが応援してくれたこと。私は長年ヨーロッ

パでつらい思いをしてもう人前では弾けないと思っていたのに、今は思う存分ピアノが弾ける。ずっと神に祈り続けてきたことがよかったのね。

（「クラシックを聴いたことのない人たちが応援してくれた」２００１年５月）

音楽を友人としてくれれば、こんなにうれしいことはない

リストの『ラ・カンパネラ』を弾くことは、その高い精神性を理解しなければできないでしょう。一歩ずつでも、分け与えていく精神性にたどり着くことができるよう願っている。

そして、祈りのそばには、必ず音楽が必要。神に捧げる聖歌があるように、また祈りの言葉に音程やリズムがついていったのがクラシック音楽の源であったように、生きることと、音楽は密接な関わり合いがあった。この本を読んでくれているあなたが生活の折々に、音楽を友人としてくれれば、こんなにうれしいことはない。

それはクラシック音楽でなくてもいい。私も、いろんなジャンルの音楽が好きだし、クラシック音楽以外のジャンルを下に見る考え方はバカらしいわ。あなたの気持ちを和ませたもの、あなたの気持ちを少しでも救ったものこそ、あなたにとっての音楽なのでしょうから。あなたがこれからも、いろんな音楽とともに人生を歩んでいくことを、願ってやみません。

（『奇蹟のピアニスト人生哲学　やがて鐘は鳴る』２０２０年12月）

ヨーロッパの列車

2004年、ヨーロッパツアー中、ドイツからスウェーデンに移動

京都の青蓮院でコンサートを開催。
ここでコンサートを行なえたことを光栄に思っていた

コンサート前に青蓮院を歩くフジコさん

演奏中ということもあり横顔の写真が多かった。少しななめ前からのお気に入りの写真

ドイツでの演奏会のリハーサル中。かなりの長い時間をかけて念入りにリハーサルしていた

イギリスで移動の際、列車待ちのひととき

上野奏楽堂付近

演奏前はウォーミングアップするために必ず散歩していたという

ステージ衣装は足元まで気を配っていた

古いドイツの民族衣装をステージでは好んで着用

パリのサン=ルイ島にある自宅。1日4時間以上の練習を欠かさなかった

オリンパスホール
八王子

リハーサルでは黙々と納得いくまで弾き続ける

第4章 生活について

ドイツ留学中や、ピアノ教師時代……長い間、貧しい時代を過ごしてきたフジコさん。おカネがなくても、オシャレやかわいらしい生活はできる、むしろそのほうが生活を楽しめる……そんなフジコさん独自の価値観が、ピアノだけではなくライフスタイルまで支持された。

おカネ、オシャレ、食事……ちょっと個性的なフジコさん流の生活術。

じゃがいもとトマトで医者知らず

そもそも、私が子どもの頃の日本人は、肉なんてそんなにいっぱい食べなかった。母があるとき、ドイツに送ってくれた手紙に、「じゃがいもとトマトで医者知らず」と書いてあって、実際に、お金もなくてお肉なんてそうそう食べられなかったから、主食をトマトとじゃがいもにしたら、15年間医者に行かずに済んだこともある。日本にいるときも、お茶漬けとかお漬物なんかが好きで、あんまり加工してある食べ物が好きじゃない。でも、生野菜のサラダなんて、毎日食べられるものじゃないから、通販で売ってる、お水で溶かす青汁なんかを飲むようにしてます。

（「この人の1週間」2022年9月9日）

家にあるワインなんて、みんないただきもの

私、ケチですよ（笑）。長いこと貧乏で、苦労したから。宝石なんかも好きだけれど、ニューヨークで、20年ぐらい前に買った年代もののダイヤモンドがあって、それが一つあれば十分。二つ目はいらない。家にあるワインなんて、みんないただきものですよ。

（「この人の1週間」2022年9月9日）

高いのは手を加えすぎてて、だめ

年とって病気になって、ヨイヨイになっちゃったらしょうがないじゃない？　だから、まずいもん食べてんの。私の従兄弟なんて皆、死んだもん。日本へ帰ってから、私、お葬式ばっかりだもん。皆ね、大学の先生とか市長とか、すごいのよ。お米から何から最高のもの食べてたけど、皆、死んだわよ。私、おせんべ好きでしょ。買う時は、その辺の一袋１５０円とかのを買うわけよ。でも、それがいっちばん、おいしいのよ。高いのは手を加えすぎてて、だめ。

（「私についての物語」２０００年１月25日）

学校は芸術を教えない

お裁縫の時間、先生がクラスのみんなの前で私が縫ったものをビヤーッとほどいたの。縫い目が粗いからってね。そのときはもう、涙がポロポロこぼれてね。学校は芸術を教えない。凡才は縫い目を揃えることばっかりで一生終わるわけじゃない？　だから今でも私は学校が大ッ嫌い。

（「オトナの図工時間」２０１１年４月）

着る物には必ず何かしら手を加えたくなる

もともと白い無地のブラウスに、私が染料絵の具で絵を描いたのね。ほら、ここに１９７２年って書いてあるでしょ。その上にビーズ刺繍して。京都で買った縮緬《ちりめん》の紐で、貼り付けた布の周りをトリミングしたの。うんと若いころさんざん着て飽きてしまった洋服を、こうやって綺麗な部分だけ切り取って、捨てないでとっておいて、あとで別の洋服に貼り付けるのよ。着る物には必ず何かしら手を加えたくなるのね。だって、どの店で買った服だとすぐにわかってしまうような服は着たくないから。

（「オトナの図工時間」２０１１年４月）

古いワイングラスや置物、ブローチや椅子が好き

昔から動物や小さな草花、きれいなガラス製品や布、アクセサリーが好きだったの。そういうものを見ていると心がやすらぐ。ヨーロッパから戻ってきた時は古いワイングラスや置物、ブローチや椅子などをたくさん持ってきたのよ。もちろんピアノも猫も一緒。これは私を支えてくれたものだもの。

（「天才ピアニストの遅れて来た成功、そして海外での挑戦」２００２年１月）

一日誰とも会わずにピアノを弾き、猫や犬と遊んでいる日も多い

朝は、普通なら八時半くらいに目を覚まして、ベッドでぐるぐる足を回す運動をしてから朝食ね。コーヒーとトースト、ジューサーで作ったフルーツジュース。何も食べない朝も多い。ピアニストは体力勝負だから、もっと食べないといけないんだけど、私は母から頑丈な体をもらったので、そんなにたくさん食べなくても大丈夫なの。母に感謝してるわ。冬のパリは朝九時ころまで真っ暗だから、ゆっくり起きる。そのかわり、夏は涼しいうちに起きて二時間くらいピアノの練習。お昼を食べたあとまたピアノで、三時のお茶。運動のため、寝る前にダギーとお散歩するわ。夕食は軽く雑炊

だったり、知人と近所のモロッコ料理や中華料理を楽しむの。でも、私は菜食主義者だからお肉は食べないのよ。野菜だけでよくあれだけのピアノが弾けるわね、ってみんな不思議がってるけど(笑)。ときどき、気が向くと近くのデパートに行って、台所用の品なんか見たり、そばのセーヌ川の岸をぶらつくわ。

一日誰とも会わずにピアノを弾き、猫や犬と遊んでいる日も多い。年をとると孤独が怖いって言うけど、適度な孤独は大切よ。一人で自分を振り返るのは悪いものじゃない。そばに猫がいて、風のにおいをかぎながらゆっくり本を読む。疲れたら横になって目をつむる。こんな時間が大好きよ。おいしいお茶があれば最高ね。パリは孤独が似合う街って言われている。孤独な魂から人の心を打ついい芸術が生まれるのよ。だからいいピアノを弾くために、私は孤独を恐れないの。独りを楽しむようでなければいけないわ。

(「パリに住んで七年、大好きなこの街は恋人」2007年6月)

猫がいるからパリや東京は帰るとホッとするけれど。生きがいは猫

今は家が、東京、京都、パリ、ベルリン、ロサンジェルスにありますが、どこも自分のホームという気はしません。猫がいるからパリや東京は帰るとホッとするけれど。生きがいは猫。猫は東京の家だけで20匹〜25匹くらいいますね。老いて死んでいく場合もあるし、演奏旅行から帰ってくると、なぜか知らない顔がいたりする。私が留守の間は、専属のキャットシッターが世話をしているのですが、彼女も私と同じで不幸な猫を放っておけない性格なので、毎年、猫の数は増えたり減ったりなの。それだけいると当然、世話にお金もかかります。でも入ってきたお金で猫や小さな命を助けられるようになったこと自体が、私はとても幸せだと思っています。

（「今の私の生きがい？　ピアノを弾くこと、そして小さな命ね。」２０１８年７月）

流れ星に向かって、「お金持ちになりたい」って言ったことあるの

母が亡くなったことを知らされて、日本に帰ってきたとき、私は60歳を過ぎていました。ピアノを学ぶためにヨーロッパに渡って、もう35年ぐらい経っていたけど、ヨーロッパで、夢を追いかけてい

るときは貧乏暮らし。生活が安定したのは、夢を諦めてピアノ教師になってからでした。日本に帰ったら、住む家はあるけど仕事がなくて、また貧乏生活に逆戻りだったから、流れ星に向かって、「お金持ちになりたい」って言ったことあるの。そしたら何年かして、ＮＨＫのドキュメンタリー番組に出て、有名になって、願ったことが本当になっちゃった（笑）。お金があると、いっぱい猫を助けることができるし、昔なら、道端に物乞いの人がいても１００円あげるのがせいぜいだったのが、今は困っている人に、何百万っていうお金を送って、助けることができる。それが、ありがたいと思います。

（「この人の１週間」２０２２年９月９日）

残していくお金は、私の作った愛護基金に寄付すると決めています

猫や犬、鳥などの小さな生き物からも、ずっと支えをもらってきました。あの子たちは黙ってそっと心に寄り添ってくれる。いつだったか傷ついた鳩を公園で拾って看病して、半年後ぐらいに放したけれど、枝に止まったまま私を見つめて、飛んでいかない。別れるのがつらかったわ。私は30年以上前に亡くなった猫のことも、いまだに忘れられない。悲しいです。今もパリや東京の家には猫がいて、ベルリンの友人には愛犬を預けています。

動物愛護にも力を入れているんですよ。もの言えぬ動物たちが、毎日のように捨てられていくの

を見過ごせないの。私はひとり身ですし、残していくお金は、私の作った愛護基金に寄付すると決めています。

（「残された時間で命を燃やす。あるのはその思いだけ」2018年6月26日）

小林一茶の俳句なんか見ると、小さなものにも愛情があったでしょ

動物は、子どもの頃から好きね。私のひいおじいさんが、スウェーデンで、犬猫病院の先生をしていたそうで、うちではみんな、犬とか猫が好き。何なら、ゴキブリも飼ってますよ（笑）。お風呂場にゴキブリがいると、水とパンをあげて。そしたら、パンに覆いかぶさって食べてましたよ。友達のお医者さんに聞いたら、ゴキブリって、あんなに嫌われているけど、人間には何にも害がないんですって。気持ち悪いだけだって。それに、2週間しか生きないっていうし、私は一度、「ねんねこしゃっしゃりま〜せ」って、子守歌を歌ってあげたこともあるんです。そうしたら、歌っている間はうれしそうに髭《ひげ》を動かして、歌うのをやめたら、髭のピクピクが止まってました（笑）。小林一茶の俳句なんか見ると、小さなものにも愛情があったでしょ。私は、ああいう人が好き。

（「この人の1週間」2022年9月9日）

東京の家には猫が25匹いて、パリにも一時期4～5匹

フランス人も他人にちょっかいを出したりしないからいいです。インテリなんだと思う。私のパリのアパルトマンは町の中心部にあります。東京の家には猫が25匹いて、パリにも一時期４～５匹いたんだけど、だんだん死んじゃって。サンタモニカでも留守番してくれている親戚が猫を３匹飼っている。私の父方のひいおじいさんは、ストックホルムで動物病院の院長をやっていたの。だからみんな異常に動物が好きなんです。

（『原田マハ、アートの達人に会いにいく』２０２３年３月）

自分らしいオシャレって、工夫が必要じゃない

ステージでは、自分に何が似合うのか、お客様に教えられた部分が大きい。例えば、スペインでは、日曜日にクラシック音楽のテレビ番組があるの。私はその番組の中で、着物でベートーヴェンの『皇帝』を弾いたのよ、とてもすごい反響だった。外国では、着物が喜ばれるのね。それ以来、ヨーロッパでは着物をアレンジしたものや羽織など〝和〟を感じさせる衣装で弾いている。

お洋服やヘアアレンジとか、自分らしいオシャレって、工夫が必要じゃない。アイデアひとつでキレ

イに見えたり、愛らしく見えたりするから、お友だちから教えてもらって、影響を受けたりする部分も多いんじゃないかしら。笑いあったり、お互いに影響をしあったり、お友だちって良いものよね。

（『奇蹟のピアニスト人生哲学　やがて鐘は鳴る』２０２０年12月）

午後になると下北沢の自宅からはいつも練習の音が聞こえた

ドイツの民家でピアノを借りて練習。ちなみにこのとき『猫踏んじゃった』を弾いた

京都にある梅宮大社をしばしば訪れたという

下北沢自宅

一番多いときで25匹のネコちゃんたちと暮らしていた

好物の「コントレール」のアップルパイと

下北沢の自宅にはよく関係者が集まり懇親会が開かれた

パリで飼っていたダギー。フジコさんのレーベル「ダギーレーベル」の由来になった犬

パリでは自宅の近くをよく散歩していた

両手の原寸大。ますかけ線という珍しい手相だった

下北沢自宅

着物をリメイクした衣装もファンに支持されていた。
昭和女子大学人見記念講堂にて

コロナ禍のさい、草笛光子さんからもらったというマスク

ドイツで困った人に財布の小銭をすべて渡すこともあった

第5章

人との出会い

フジコさんの歩いてきた道のりを振り返れば、20世紀を代表する錚々たる大音楽家たちの名前が挙がる。クロイツァー、カラヤン、スコダ、マガロフ、マデルナ……。当時のヨーロッパに集まった音楽家たちとの交流が、ピアニストとしての実力に影響を与えたことは間違いないだろう。演奏家として出会ってきた人たちがフジコさんを磨き上げてきた。

母の先生でもあったクロイツァー先生

私が10歳になった頃、母がベルリン時代に師事したレオニード・クロイツァー氏のレッスンを受けることになった。

クロイツァー先生はユダヤ系ドイツ人を両親に持つロシア生まれのピアニストで、指揮者でもあり、アレクサンドル・グラズノフに作曲も学んだ高名な音楽家。１９１１年にはモスクワで、セルゲイ・ラフマニノフが自作自演したピアノの『協奏曲第2番』の指揮を務めたことでも有名で、後年、私が共演したモスクワ・フィルハーモニー管弦楽団のメンバーもクロイツァー先生の名をみんな覚えていたのよ、驚いたわ。

クロイツァー先生はベルリン時代の父の友人であり、母の先生でもあって、ベルリン音楽大学の教授を務めたあと、指揮者で作曲家の近衛《このえ》秀麿《ひでまろ》氏の求めに応じて東京音楽学校（現在の東京藝術大学）で教えていた。

父は、日本にいた時から彼に「うちの娘のピアノを聴いてください」と頼んでいたけれど、彼は「子どもには教えない」と、取りあってくれなかった。父がスウェーデンに帰ったあと、母があまりに熱心に頼むものだから、彼もやっと了承してくれたのね。

（『奇蹟のピアニスト人生哲学　やがて鐘は鳴る』２０２０年12月）

カラヤンに私のピアノを聴いてもらいたい

ベルリンは戦火で音楽ホールを失ってしまったこともあって、私が通う大学に隣接するホールでコンサートがよく開かれていた。聴きたい学生は、大学から無料券がもらえたんだけど、いつもその列には10人くらいしか並んでいなかった。

大学とそのホールをつなぐ廊下で開場を待っていると、カール・ベームやヘルベルト・フォン・カラヤンなど、世界的な指揮者が目の前を通っていくことに興奮した。巨匠たちに間近で接することができて、演奏を聴く機会に恵まれるのだから。オーケストラ作品について、当時の世界最高水準に触れることができて、あの頃に聴いた演奏の数々は、今も私の人生の宝物だわ。

中でも、私はカラヤンの創り出す音楽に陶然となった。

彼は音だけでなく、指揮する姿も優雅で美しかった。厳しさの中にも品があって、まるでギリシア彫刻のよう。オーケストラの後ろの席に座った時は、目が合ったような気がして、ドキドキが止まらない。まるで私のために指揮をしてくれているような気持ちになった。

当時の学内ではカラヤンに対する評価はふたつに分かれていた。まるで崇拝するかのように熱狂的なファンと、「彼はおカネのことしか見ていない」と嫌うアンチ派。

おカネ云々については、私にはよくわからなかったし、とにかく圧倒的な存在で、惹かれるな、というのは無理な話。私はすっかりファンになっていた。

「カラヤンに私のピアノを聴いてもらいたい」

そんな想いが募った私はある日、オーケストラのリハーサルにもぐり込んだ。そこらにあった紙の隅をちぎって「いつか、私のピアノを聴いてください　フジコ」と走り書きしたメモを、カラヤンに渡してほしいとオーケストラの人に頼んだの。

「大それたことをしてしまった……。あの紙はカラヤンの手には届かないか、届いたとしても、すぐに捨てられるだろう。でも、私は想いを伝えずにはいられなかったのだから、それでいい」と思った。

すると紙を見たらしいカラヤンが「フィー」と軽く口笛して「おいで」の仕草をした。

「えっ！　ウソでしょう？」

私はいつの間にかカラヤンの前に立たされていた。握手した彼の手は指が長くて、美しかった。

彼は大柄なほうではなく、水色のセーターを着ていて、私には魔術師のように感じられた。

「何を弾きますか？」

「えっ、今、ここで？　いえ……今日は弾けません」

「ん？　聴いてほしいんじゃないのかい？」

結局、私は弾かなかった。カラヤンは泊まっているホテルの名前と部屋番号を教えてくれて、去っていった。

二度と訪れることのないチャンスが逃げていく。それでも、この時、ピアノを弾かなかった選択は正しかったと今でも思うの。私は「いつか」「将来」聴いてほしいというつもりでメモを書いたんだもの、こんなことになるとはまったく想像していなかった。

カラヤンは多忙で、世界最高峰のメトロポリタンの歌手ですら、希望してもカラヤンに聴いてもらうことは難しいという噂があったの。それほど彼の名声は轟いていた。無名の学生にパッと時間をくれるとはとても思えないから、もしかすると、私のことをどこからか聞いて興味があったのかもしれない。カラヤンと私のやりとりを見ていたベルリン・フィルのメンバーのひとりが口をポカンとあけてビックリしていた記憶があるわ。

指のウォーミングアップも、心の準備もしてなかった私が弾いて、良い結果につながったかしら……。チャンスを生かすためには、自分がそれにふさわしいと思った時でなくてはならないと思う。カラヤンの前で弾かなかったことは苦い体験になったけれど、「これがプロの世界なんだ」ということを学んだ。

そして、努力していれば、必ずチャンスは巡ってくる。しかも、チャンスは不意に訪れることを知った。

（『奇蹟のピアニスト人生哲学　やがて鐘は鳴る』２０２０年12月）

「スコダに師事したい」と思った

結局、私は卒業後イタリアではなく、ウィーンに移ることにした。なぜならベルリンでパウル・バドゥラ=スコダの演奏を聴いて、とても感激したから。ベルリンに留学し、自分の技術は向上したけれど、もっと、その曲の真髄に迫る演奏がしたいと考えていた頃に、彼に出会った。

スコダは1927年、ウィーン生まれ。イェルク・デームスやフリードリヒ・グルダとともに、「ウィーンの三羽烏《さんばがらす》」と呼ばれていた。演奏家としてだけでなく、ウィーン古典派、とりわけモーツァルト、ベートーヴェン、シューベルトの研究者としても有名で、著書もたくさんヨーロッパで出版されているわ。

私は、作曲家自身の背景はもちろんだけれど、その曲が生み出された時代の空気感や気分といったものを感じさせる演奏をしたいと思っていた。スコダの演奏は、その曲が発表された時代では、まさにこんな音色で、こんなテンポだったのでは？　と思わせ、私をタイムトリップさせてくれた。

日本では、「どの学校を出たか」ということが問われがちだけど、ヨーロッパでは師弟制度のような関係性がまだ色濃く残っていて「おまえの師は誰だ？　誰についている？」とまず最初に尋ねられる。

私は「スコダに師事したい」と思った。ベルリンでも小さな演奏会は好評を得てはいたけれど、音楽の都・ウィーンで、自分の見つけだした師に習い、チャンスを待ってみることにした。現状に満足することなく、いつだって、自分らしく生きられるほうを選ぶべきよね。

スコダは人間的にもすばらしい人で、私の個性を認めて、何かを強制してくることのない先生だった。

「とてもいいよ。どんどん好きなように弾きなさい」

スコダにそう言われ、初めは半信半疑。「先生のように弾かなくてもいいのかな」と思っていたけれど、私が「こう弾きたい」と考えたことを、さらに追求していくようなレッスンが続いた。

驚いたことに、私からレッスン料もとらなかった。そのうえ、小さな演奏会をたくさん開いてくれた。ちゃんとお客様の前で弾くこともレッスンの一部だということを教えようとしてくれたのかもしれない。そのうち、大きなホールでの演奏会も任されて、成功すると、彼はピンハネすることもなく、たくさんおカネをくれたの。

スコダにはドイツ人の妻がいて、レッスンに伺うと、まず彼は、お茶とお菓子を出してくれる。そういう時間って、人は親密な空気に包まれるでしょ。奥様はどこかから、その様子を見ていたらしく、低めの厳しい声で「パウル！」と呼ぶの。きっと師弟の関係が男女の関係に発展しないか、心配だったのでしょう。いつもはとてもエレガントなスコダだけれど、そんな時ばかりは、バツの悪そうな表情をしてたわね。私は「ここはウィーンなのに、ドイツ人は、所変わってもどこまでもドイツ人なのね」と内心、呆れた。

（『奇蹟のピアニスト人生哲学　やがて鐘は鳴る』２０２０年12月）

「助けてあげる」と言ってくれたマガロフ

ウィーンには、世界中の一流音楽家たちが集まり、演奏会もたくさん開かれていた。私もいろいろな演奏家をよく聴きに行っていたけれど、中でも、「この人の演奏は温かいなあ」と思ったピアニストがニキタ・マガロフ。

ニキタ・マガロフは、ロシアのサンクトペテルブルクに1912年に生まれた世界的なピアニスト。古典派だけでなく、フランスやロシアの近代ものも弾いていて、たとえばその代表的な作曲家、モーリス・ラヴェルやセルゲイ・プロコフィエフらとも交流があった人気のピアニストだったの。

私は思い切って、マガロフにもピアノを聴いてもらった。確か、リストの『ため息』を弾いたと思う。弾き終わると、マガロフは立ち上がって「ワンダフル、ワンダフル！　あなたは有名になると思うよ」と言ってくれた。

彼は、33歳で病に倒れた友人のディヌ・リパッティの後任として、ジュネーブ音楽院で教えていたため、世界中からスイスに集まった、若いピアニストたちを指導していたの。

マスタークラスというのだけれど、彼は「スイスでのマスタークラスに参加しなさい」と言ってくれた。「来たら、もっと、あなたを助けてあげられるから」とも。

ところが、その頃の私は、日々のおカネに困るようなギリギリの生活で、とてもスイスまで行って、授業料を払って滞在する余裕なんてなかった。正直に「私にそんなおカネはありません」と言おうか迷ったけれど、おカネがないことを打ち明けるなんて、ちょっと恥ずかしいじゃない。なんとか違う言い訳をして、結局、マスタークラスには参加しなかった。

（『奇蹟のピアニスト人生哲学　やがて鐘は鳴る』2020年12月）

今世紀最大の作曲家・マデルナ

実際、あの時、マガロフに褒めてもらえたことは、私の人生の宝のひとつだし、その後も彼との関係が悪くなったわけではなかった。過去の行動が正解だったと信じて歩んでいったほうが、明るい将来が拓けていくんじゃないかしら。

また同じ頃、ヨーロッパ中を騒がせていた、イタリア人の天才指揮者・作曲家のブルーノ・マデルナの前でも弾くチャンスに恵まれた。

1920年、ヴェネツィア生まれ。ルチアーノ・ベリオとともに現代音楽のために尽力し、〝今世紀最大の作曲家〟と評されているマエストロの前で弾くことになった時、私は「現代音楽という、難しそうにみえる世界の作曲家なのだから、さぞかし私には遠い存在だろう」と、あまり期待せずに臨んだの。

ところが、彼は私の演奏をとても気に入ってくれて、なんと彼のソリストとして契約したいと言ってくれた。

マデルナは、ただ単に現代音楽の作曲家であるだけでなく、古典的な作品やオペラも指揮していて、クラシック以前のバロックやルネサンス音楽にも精通している人だった。彼のレーダーに私が引っかかったのも、その音楽的テリトリーが広範にわたるものだったからだと思う。あとから聞いた話だけど、彼は私の演奏を聴く前から、私の名前を知っていたらしいの。当時のウィーンで、私の名前は、少しだけ知られ始めていたのかもしれないわね。

（『奇蹟のピアニスト人生哲学　やがて鐘は鳴る』２０２０年12月）

バーンスタインが「きみのために力を貸そう」

ウィーンにいた頃、レナード・バーンスタインが来ることを知った。アメリカの偉大な指揮者、作曲家、ピアニストとして知られ、平和活動や後進の育成に励んだことでも有名ね。クラシック音楽に詳しくない人でも、彼が作曲した『ウエスト・サイド・ストーリー』の音楽はどこかで耳にしてるんじゃないかしら。

私はそんな、20世紀のクラシック音楽界をリードしてきた偉大なマエストロであるバーンスタインに手紙を書いたの。

「あなたがウィーンに来たら、私のピアノを聴いてください。そして、少し私を助けてほしい」とね。ウィーンの新聞に載った、私の小さな演奏会が紹介された記事をいっぱい同封して送ったわ。

そしてバーンスタインがウィーンにやって来た時のこと。私は彼のコンサートに行き、終演後、楽屋口のほうにまわってみると、不思議なことに、その日はサインや握手を希望する人が4、5人しか並んでいなかった。あっという間に、前の人のサインが終わり、私の順番がきて、バーンスタインと目が合った。

私が名前を告げて、「私の手紙を読みましたか」と聞くと、「読んだ」と言うので、「私のピアノを聴いてほしい」とお願いすると、「明日、ニューヨークでの仕事に行かなくてはならないから、今すぐ弾いてほしい」と言われた。私は「どうなってもかまわない」という気持ちで、彼の楽屋に置いてあるピアノの前に座った。

最初、『ウエスト・サイド・ストーリー』の『マリア』を少し弾くと、あとはいろんな曲を無我夢中で弾いたわ。

弾き終わるとバーンスタインはすぐに立ち上がって、私を抱きしめた。そしてこう言ったの。

「君はすばらしいピアニストだ！　きみのために力を貸そう。あとは私に任せてくれ」

なんということでしょう！　私のリサイタル開催を約束してくれた。

ああ、もう信じられない気持ちで胸は高鳴り、その日の帰り道は雲の上を歩いているようだった。音楽の都・ウィーンでリサイタルをすることは私の夢だったから、その夢の実現を世界の巨匠が約束してくれたことが本当にうれしくて、空から天使のラッパが聞こえてきそうな気分だった。

（『奇蹟のピアニスト人生哲学　やがて鐘は鳴る』２０２０年12月）

銀座の教文館で行なわれたリトグラフ展にも多くのファンが駆けつけた

大宮ソニックシティでのコンサート終了後。親しい人たちに囲まれて誕生日を祝った

つねに多くのファンに愛されていた

コンサートを行なったドイツ・ベルリンのコンツェルトハウスに
飾られているバーンスタイン像

ロンドン
エアースタジオ

人とのつながりを大切にしたフジコさん。

イギリスのエアースタジオで行なった録音も、あるプロデューサーとのつながりからだった

ロンドン
エアースタジオ

ビートルズとも関わりが深い有名なエアースタジオで録音

第6章

愛情について

ドイツに留学した頃から、ヨーロッパを転々としていた時代、たくさんの出会いがあったと語っていたフジコさん。ひとりの時間を愛して、「ひとりが気楽だから」と自由な生き方を選んだ一方で、たくさんの恋もしてきた。そんなフジコさんの愛情に関する言葉たち。

男っ気なんかまったくないわよ。でもいいの、猫がいるから

私、追いかけるのは好きなのよ。だけど、相手がその気になって「結婚しよう」と言われると急に嫌になっちゃう(笑)。これはいい男だ、とほれ込むと相手はゲイだったり……。他人同士が一緒に住むのはむずかしいわよね。だって、自由でいられなくなるじゃない? ひとりがいちばん気楽で自由よ。「この男はいらないけど子供はほしい」と思ったことはあるのよ。でも、なぜかできなかった。バーンスタインが晩年、奥さんに逃げられたと聞いて、私にもチャンスはあったんだなとつくづく思ったわ(笑)。大好きだったから、バーンスタインのこと。ここしばらくは、男っ気なんかまったくないわよ。でもいいの、猫がいるから。猫と一緒に住む前は、夜中になるとよくひとりで泣いてた。でも猫がいるようになってから、泣いたことがないわ。笑ってばかり。

(「漂泊の軌跡」2000年5月)

いつもそうして逃してきた

バーンスタインが奥さんに逃げられたと聞いたとき、脈がなかったわけでもなかったから、強引に引っ張ればよかったけど、できなかったわね。最後に会ったときのことなんて忘れられない。彼は

70を過ぎても本当に素敵で、水も滴るようでしたよ。「私だったら彼を離さないなあ」って友達に言われたけど、思いを打ち明ける機会もなくて、結局諦めました。彼のためなら一生尽くしても、もちろん奥さんになったってよかったのに、いつもそうして逃してきたんです。好きになっても、いざその人が現れるとつっけんどんにして、1年も2年も会わなかったり、そんなことばかりしてました。

ふられるのが怖いから、しないんです。スウェーデンにいたころ、若くてかっこいい男性がいたの。何かを私が頼んだとき、あんまり親切だったから、別に惚れたわけでもなくて、名前も知らずに小さなチョコレートをあげたら、なんと、「僕には彼女がいますから」って言われて、私はすごく傷ついちゃった。そんなことが重なると、だんだん怖くなるじゃない？　やけどをした子が、火をみたら怖がるように。私はそういうのに耐えられる人じゃないの。見かけによらず繊細だから。

恋をするってこと自体は、素敵なことだと思いますよ。お酒に酔ったような気分になっていいな、と思う。でも、やっぱり、仕事のほうが大切。みんなが私のピアノを聴きに来てくれる、そのためにいい演奏をすることが一番大切なんです。でも、それは実は私にとっては何にも慰めじゃない。ツアーも大変なだけで、朝、好きなわさび茶漬けも食べられない、紅茶も抹茶入りのお茶も飲めない、ほんとに情けないですよ。猫もみんな家に残して。私が今やってることは、お客さんが聴きに来てくれるから、彼らに報いようと思うだけ。それが、世の中に私が生きていく目的だと思っていますから。

私は才能があるから特別だって？　そうは言ったって、私だってここまでになるのに40年待ったんですから。誰も相手にしてくれなくて、私はもう諦めちゃってて、世の中に背を向けてました。それが偶然こうなったんだからさ、それは運命だったんでしょう。

（「猫とピアノと誰もいない家」２００２年２月22日）

でも男ってやり方がスマートなやつほど不良

もう少しで結婚しそうになったこと？　いつもありましたよ。だって遊ぼうと思ってつきあってはいないから。でも男ってやり方がスマートなやつほど不良で、ほかにも女をつくっている。それがわかったら、いくらほれていても冷めるの。でも私、ぶきっちょな男も嫌いなのよ。まだ〝私の相手〟に出会っていないのかもね（笑）。

でもこの間映画を見ていたら、ある悪女がすぐ裸になっては、男をたぶらかしていたの。「私には無理！」と思ったわ。でも、ああやればものごとは早いのね。私なんて、私にほれられていることも知らないまま死んじゃった人がいっぱい（笑）。バーンスタインにも一度手紙を書きたいと思いながら、躊躇《ちゅうちょ》しているうちに亡くなったのよ。

（「『素敵』のものがたり」２００５年５月12日）

とうとう今の人に出会えた

私はたくさん素敵な男に出会ったのに、なぜたった一人の私のための男が現れないんだろうとずっと思ってきたの。だけどとうとう今の人に出会えた。ただ、私はパリに惚れこんでいるから、彼が暮らす別の町へ行ってもきっとつまらないでしょう。だから困ってる。

（『原田マハ、アートの達人に会いにいく』２０２３年３月）

一見、粗野に見えるけれど、実は素朴で温かい人

恋をすると不思議ね。「今度はいつ会えるかしら」って、その人のことばかり考えてしまうし、毎日が楽しくなるでしょ。私も今、おつき合いしている人がいて、毎日一緒にいるわけじゃないけれど、楽しい日々を送っている。彼は、マリオ・コシックという名前の指揮者なの。彼とはスロバキアの演奏会で出会った。

私がひとりで練習していたら「何かしたいことはあるかい？　行きたいところはないか？」ってかまってきたんだけど、その時の言い方がなんとなくぶっきらぼう。私は「なんだろう、この人」と思って、やんわりと断っていたけれど、だんだんと「ああ、女ったらしのプレーボーイみたいに、うまく

私を誘えないのかも……」って思うようになって、そのうち、私のほうも、彼を意識するようになっていた。彼は50代に入ったばかりだったから、私とつき合うなんて、「どうかしてる」とも思ったけど、彼はまったく気にしていないみたいよ。

私がこれまでつき合った男たちは、嘘つきだったり、浮気者だったり、ロクでもない人ばかりでうまくいかなかった。マリオとはよくよく話してみると、どうやら彼もこれまで、恋愛ではうまくいかなかったみたいで、お互い警戒していたことがわかった。女性に傷つけられた経験から、愛想がなくなってしまって、一見、粗野に見えるけれど、実は素朴で温かい人。うまいことばっかり言ってくるような男だったら私も用心するけど、彼はそうじゃないので信じられる。私のピアノについてこれまで一回も褒めたことがないのよ。あ、1回だけあったかな……。

図々しく、しゃしゃり出ていって、うまくやるタイプじゃない。「指揮者という職業は、グイグイと組織を引っ張っていくリーダーシップがないと務まらないのでは?」と思う人が多いかもしれないけれど、彼のように控えめで包容力のある指揮者がいてもいいんじゃない。彼らしい演奏に仕上がると思うから。

（『奇蹟のピアニスト人生哲学　やがて鐘は鳴る』２０２０年12月）

私は家庭の奥さんになるタイプじゃない

確かに、ひとりで寂しいなんて一度も思ったことがない、とは言えないかもしれない。でも、今考えれば、ひとりでよかったと思う。この前もチェコでホテルのボーイに惚れちゃって。するとすぐボーッとしたりするんだけど、それだけでその街が桃色になるじゃない。相手がきちんといるくせにふらふらするのは私は嫌だから、ひとりであればこそ。家庭を持って、5人も子供がいたら、もうこの夫とうまく行ってるかどうかなんて考えるひまもなくて、「そういうもの」と思い込んでいる友人もいますけど、私はああはなれないわね。こんなに年中いろんな人を好きになってたんじゃ、1年経たないですぐ離婚になっちゃう。20年いろんなゲイボーイに惚れて、最近になって、やっとこのことに気づいたの。

でも、ひとりでいられない、って女の人もいるでしょう。ドイツの友達が、「すごく好きな人がいるの」と言うから、「あなた素敵なご主人いるんでしょ」って返すと、「だって、私はひとりじゃいられないんだもん」と平気で言う。彼女らは、常に誰かが自分の袖を持っててくれないと生きていけない。だめなわけ。私は掴まれるなんて嫌。もうやめて、って言いたい。

私は耳の病気をはじめ、いろんな大変なことがあったとき、ひとりで乗り越えてきました。そんなとき誰かがいたほうが支えになるって考え方もあるけど、たとえばふたりで貧乏したら余計大変でしょう。ひとりなら何を食べようが、洗濯がちょっとできなかろうが構わないけど、ふたりだとお互いに見せ合わなきゃいけない。私は人に迷惑かけるのがすごく嫌だから、この先も、こうしてひとりでやっていくしかしょうがないわね。

それに、あの、静かなひとりの時間があったからこそ、今こうして体ももっていて、すべてが順調に行っている。結婚して子供でもいたら、きっとチャンスはなくて、やつれはてて、しわくちゃになって、手は動かなくなっていたでしょうね。

若いうちに花を咲かせて、だめになっている人も多いでしょう。私の場合はかえって、しわができてきても、こうやってみんなに騒いでもらえるのは素晴らしいことだし、私を見て、「私も捨てたもんじゃない」って思えるおばさんやお婆さんがいるから、それも素敵だと思う。

もし、生まれ変わっても、この道を選ぶか？　私は家庭の奥さんになるタイプじゃないし、すぐ冒険して、飽きたらあばよって言っちゃうから、ピアノのほうがいいかもしれない。

（「猫とピアノと誰もいない家」2002年2月22日）

光源氏のようなのって理想よね

結婚したいと思ったこともあります。でも、いざ結婚してくれなんて言われたら逃げたくなっちゃって。それに、若いときに恋をすると、相手はたいがい若い。将来のめどがつかないやつばっかりで、お金を貸してくれって言ったり返さなかったり。だから、やっぱり結婚しなくてよかったと今になっても思う。

それに、結婚しようと思った人が、やきもちやきだったのも嫌でしたね。男って、自分は浮気するくせに、相手にはしてほしくないじゃない。私は、惚れてる相手が他の女の人と遊びに行こうが、歩こうが、一緒に住もうが、結婚しようが全然構わない。かえってそうしてくれ、って思っちゃう。だって、私は他に何人も好きな人がいますからね。今でも1年にふたりも3人も好きになる。だから、光源氏のようなのって理想よね。これだ！って思いましたよ。

一番いいのは、昔の王室みたいに、あっちにお姫様、こっちに王子様、って館が違って、あれなら結婚してもいいわよね。ベルリンで勉強してたときも、ご主人と別に住んでいて、「今日は久しぶりに一緒に食事するのよ」なんて言ってる友達がいた。あれじゃなきゃだめなのよね。

女の人は結婚しても、ご主人が先に死んで、遺される場合が多いでしょう。私の友達は良家のお嬢さんが多いから、いい結婚をした人が多い。お金持ちのご主人とね。それでもご主人が死んじゃうと、結構喜んでる人が多いのよ。私も「おめでとう」って言ってあげるの。向こうも「悪いけどあなた、ひとりになって、羽伸ばして、こんないいものだと思わなかった。寝たいだけ寝られるし」なんてね。みんなそう言ってますよ。

結局この世の中、自分に合う人にもなかなか出会えないし、好きだと思ったら変な女と結婚してたりして、みんなちぐはぐで、確かな相手かどうかなんてわからないじゃない？　それをひとりの男にかじりついて、あーでもない、こーでもないって、悩んだりするなんて、どうかしてますよね。私も、別れた後二度と会いたくないくらいの人がいて、恋愛中は「この人のために命をかけてまでも」なんてやっていたのが、後から考えるとばかげてるな、と思った。

お互いにちゃんと自分の仕事を持っていて、自分のことができる人となら、結婚しても金銭関係で縛られないでしょう。そんなパートナーならいいかなとは思うけど……それでも私は毎日いたら嫌になっちゃうんじゃないかな。だって結局は他人でしょ。自分の母親なら、どんなに嫌なヤツでも血がつながっていますから諦めがつきますけど。

結婚はしなくても子供だけはほしいと思ったことがあります。一度、孤児を引き取ろうとしたけれど、私は結婚していないからだめだった。いじめるために引き取る人がいるから、ドイツの法律では、ひとり身の女性は子供をもらえないことになってるの。夫婦でもいじめる人だっているのにね。それで、猫を飼うようになったんです。そりゃ可愛くて。

（「猫とピアノと誰もいない家」2002年2月22日）

コロナ禍のコンサートでは座席数も制限された。この時期、大切な人の存在が大きくなっていった

控えめで包容力のあるマリオさんとは互いにいい関係が続いた